AF243205

LETTRE PROPHÉTIQUE

Sur l'Ouvrage intitulé ;

MOYEN INFAILLIBLE

DE PROSPÉRITÉ PUBLIQUE

ET PARTICULIÈRE ;

Ensemble,

LE PLAN

DE LA CAISSE-COMMUNE,

Qui fait la base du MOYEN INFAILLIBLE.

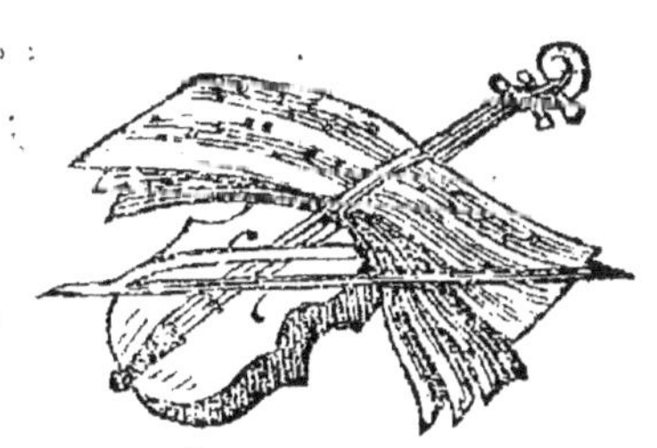

A PARIS,

A l'Imp. BIBLIOGRAPHIQUE, rue des Ménestriers, N°. 607.
Et chez les Marchands de Nouveautés.

L'an V de la République.

Note de l'Editeur.

Nous avons annoncé cette Lettre à la fin de l'Ouvrage qui y a donné lieu ; nous avons en même temps invité son Auteur à se réunir à nous, le jugeant, on ne peut pas plus capable d'augmenter le foyer de lumière que nous desirons former. Il n'ignore certainement pas aujourd'hui que nous sommes dans ces sentimens ; ainsi, il apprendra simplement ici, que nous les lui réitérons. Mais si des raisons, que nous ne nous efforcerons pas de deviner, venoient à nous priver de cet avantage, il voudra bien recevoir ici nos remerciemens sincères ; 1°. sur le travail auquel il s'est livré à l'occasion de notre objet : 2°. sur les conseils & les craintes qu'il nous manifeste ; & 3°. sur la promesse qu'il nous fait de seconder nos efforts, pour déjouer les adversaires du bien public, promesse que nous l'invitons à vouloir bien réaliser.

LETTRE PROPHÉTIQUE,

Adressée le 10 Nivose, à la Société des Gens de Lettres et d'Affaires, Auteur du projet d'une CAISSE-COMMUNE de la République Française.

CITOYENS,

JE commence par où je devrois peut-être finir en vous invitant à faire imprimer, au plutôt, votre *Moyen infaillible*, dont je suis parvenu à me procurer la lecture : Je ne vous dirai pas comment, parce que cela pourroit compromettre quelqu'un qui ne mérite pas de l'être ; mais enfin je l'ai lû, ou, pour mieux dire, dévoré ; car un ex-pédient par lequel on prétend : *remédier efficacement au défaut du numéraire mé-tallique : subvenir promptement aux besoins de l'Etat, quelqu'ils soient : payer en to-talité les Rentiers et les Pensionnaires de l'Etat : procurer aux Citoyens des facultés qui leur manquent : donner au Commerce et à l'industrie une activité et une assurance qu'ils n'ont jamais eu : annéantir à jamais l'usure et paralyser enfin l'agiotage :* un tel expé-dient, dis-je, est fait pour animer l'être le

A

plus froid et affamer le plus sobre. Oui , je l'ai dévoré , quoiqu'avec la prévention , je vous l'avoue , que ce titre promettoit trop pour qu'il n'y eut pas quelque chose à en rabattre. Le représentant du peuple Riou avoit bien dit à la tribune du Conseil des Cinq-Cents , que le titre de ce Mémoire étoit complettement rempli ; il avoit insisté en outre pour qu'on en entendît la lecture...... Tout cela n'avoit fait qu'irriter mon desir , au point que j'ai lû l'ouvrage avec une sorte de voracité.

Comme ce ne sont point-là de ces choses qui se doivent juger par l'enthousiasme qu'elles inspirent , je me suis ensuite remis à le lire avec plus de calme ; et il résulte de ces deux lectures que vous m'avez complettement mis en défaut. C'est un aveu que je fais avec une satisfaction intérieure , qui me charme.

Plus d'une personne se trouverront dans le doute , et même dans l'extrême crainte que j'ai éprouvée : mais vous en étiez déjà assurés d'avance , puisque vous en prévenez , dès le commencement de votre préliminaire : *Ce titre* , dites-vous , *est capable d'étonner bien des esprits , d'en indisposer un certain nombre , d'en enthousiasmer quelques uns et d'en rendre plusieurs fort attentifs.* Hé bien , je vous proteste que j'ai réellement été dans la classe des premiers , que je regarde les second comme des gens qui apréhendent que l'ordre nouveau n'obtienne une stabilité préjudiciable à leurs vœux secrets ; que je suis à présent , et cela d'une manière très-complette , dans la classe des troisième ; et que j'invite , conjointement avec votre Mémoire , chacun à se ranger dans la classe des attentifs , afin de pouvoir juger sainement un objet d'une aussi haute importance.

Me voici parvenu à l'endroit prophétique de ma lettre , et j'espère que vous en croirez ma sincérité , lorsque vous aurez vu sur quoi mes pronostics sont fondés.

Oui, Citoyens : vous aurez des obstacles infinis à vaincre , et je vais vous en déduire les principes fondamentaux avant que d'aller plus loin. Les voici divisés en trois classes : celle de l'intérêt particulier , à qui l'égoïsme donne cette puissance que vous connoissez : celle de l'intérêt systimatique , que vous dédaignez , sans doute ; et la troisième , celle de l'intérêt factieux , dont je suis assuré que vous avez horreur.

L'amour-propre se modifie suivant le principe qui domine dans chaque individu , de sorte que se seroit , à vrai dire , particulièrement à lui que l'on pourroit tout attribuer : mais ne l'apostrophons point en masse, comme bien des gens s'expriment , et revenons à ma division.

Ceux qui s'opposeront à votre objet par le motif de leur intérêt particulier , sont tous ces hommes parvenus que les malheurs publics ont enrichis , et qui se croiront ruinés , s'ils apperçoivent le terme des infortunes publiques.

D'autres intéressés vont s'empresser à venir faire obstacle, par tous les moyens qu'ils pourront imaginer ; ceux-ci ont l'espoir de devenir des actionnaires distingués de quelque *Banque* , qu'ils espèrent voir s'établir dans peu. Les voilà déjà des *traitans* de haut parage, qui vont obérer l'Etat et les particuliers, à la vérité ; mais cette pensée ne les travaille aucunement : ils espèrent s'enrichir au point de ne pouvoir plus calculer leurs richesses, et il est certain qu'une aussi belle espérance étouffe en eux tous ces petits sentimens triviaux de bien public , de bonheur général , etc. etc.

A côté de ceux que je viens de vous montrer avec deux doigts séparés , vous y voyez déjà sans doute ces scélérats de conséquence que je vous montrerois volontiers avec le poing ; ce sont des êtres affreux que nos ennemis méprisent , mais dont ils se servent et qu'ils payent de beaux deniers comptans afin de parvenir à leur but. Ces abominables vont sentir que leur salaire touche à sa fin si les calamités cessent, et ils s'opposeront avec véhémence à ce que l'on fasse usage d'un expédient qui rendroit à la Nation son courage et ses forces. Aussi allez vous les entendre s'écrier en forcenés , que ce projet de *Caisse-commune* est capable d'occasionner le renversement de toutes choses : tandis qu'ils y applaudiroient avec transport, s'ils entrevoyoient que cela fût en effet. Il en est plusieurs d'entr'eux qui s'attendent à des récompenses promises, à la protection presque *divine* de celui qu'ils croyent aider, en ce moment, à rentrer dans de prétendus droits que les véritables, les droits de l'homme, enfin, ont anéantis. On les entend déjà se récrier contre l'expultion de cet envoyé qui n'étoit ici que pour séduire et stimuler, à force d'or et de promesses, les hommes capables d'une avarice et d'une atrocité assez adroite, pour prêter leur ministère infâme aux ennemis de leur patrie.... Mais ils se décèlent déjà par leurs clameurs inconsidérées. Qui est-ce, en effet, qui ne voit pas clairement qu'un Plénipotentiaire qui n'avoit aucun pouvoir pour traiter de l'objet apparent de sa mission, qui est-ce qui ne voit pas, dis-je, que cet envoyé avoit une autre commission que celle-là ? Eh bien ! la vraie commission n'étoit autre que celle de séduire un certain nombre de gens à talens, par des appas dont le charme est presque toujours irrésistible. Ceux-ci, de leur côté, découvrent bientôt l'art de se dissimuler à soi-même l'infamie d'une telle action. Demandez à présent à Cléon ce qu'il pense de votre établissement de *Caisse-commune de la République* !.... Répond donc, scélérat ! Cet établissement, sauveur de la patrie, est sans doute dangereux à tes yeux, car il risque de te faire perdre le fruit de tes infâmes manœuvres !

Venons actuellement à l'intérêt systématique : Celui-ci va vous déclarer une guerre
à outrance. Votre exp -dient consolide la
République dans un moment où l'on se flate
déjà qu'elle ne sauroit se soutenir : que deviendra le systême par lequel on prétend
que le Gouvernement républicain ne con-
vient nullement à un grand Etat , et qu'il
est même nuisible à un petit ? Votre moyen
de ressource et de consolidation de la République est une abomination ; aussi va-t on
s'opposer à sa réussite , et vous aurez beau
démontrer , ce qui est vrai en effet , que l'é-
tablissement d'une *Caisse-commune* , telle
que vous le présentez , seroit de mise dans un
Gouvernement quelconque ; il suffit qu'il
soit propre à empêcher l'écroulement de la
République , pour que le systématique le déclare affreux.

Puisque nous en sommes sur cet intérêt de systême et d'orgueil , ne le con-
sidérons pas du seul côté de la politique :
la finance va nous offrir des gens à projet
de *Banque* , auquel ils ont appliqué leurs
soins , et sur lequel ils ont fondé de grandes espérances de fortune. Un projet contraire les met dans une situation qui les
affecte , qui les révolte même : cela arrive
toutes les fois qu'on n'est pas animé de
ce bon esprit qui veut que le bien public
soit préféré à l'intérêt particulier , qui dé-
cide , en outre , que les grands moyens sont
préférables aux petits , lorsqu'il s'agit de

besoins immenses : que votre *Caisse-com-mune* offre le champ le plus vaste, tandis qu'une *Banque*, quelle qu'elle soit, ne produira pas un vingtième de ce qui est nécessaire, et encore sera-ce d'une manière onéreuse au bien public. Votre *Caisse-com-mune*, au contraire, rapporte au trésor national, facilite l'Etat à récompenser les défenseurs de la patrie, rend l'aisance à l'universalité des citoyens, et produit enfin un bien universel ; au lieu qu'une *Banque* ne fait la fortune que d'un certain nombre d'intéressés, et cela au préjudice de la Société entière.

Comme vous devez être en butte à tous les travers imaginables, il faut encore vous attendre que l'on vous dira que votre *Caisse-commune* est la même chose qu'une *Banque*. Il en est qui vous le diront de bonne-foi ; parce que les esprits bornés sont habitués à ne rien distinguer ; mais d'autres feindront de le comprendre ainsi, afin de confondre, s'ils le peuvent, votre découverte sublime, avec ces systêmes sans invention, dont je dirai bientôt le danger à ceux qui ne s'en doutent pas, afin de les prémunir contre ceux qui ne s'en doutent que trop.

Ma grande occupation dans la société, en ce moment, est d'expliquer à qui veut l'entendre, ce que doit être votre *Caisse-commune*, et combien elle diffère d'une *Banque*. Celle-ci, dis-je à chacun, appartient à des particuliers qui emploient tous les moyens qu'ils croyent les plus favorables pour se procurer de grands bénéfices. La *Caisse-commune*, au contraire, est un objet qui ne doit appartenir à personne : ces administrateurs, et tout ce qui en est la suite, ne seront que des salariés, et les bénéfices, au lieu d'appartenir à des sang-sues de la nation, tourneront au profit de la chose publique. On voit sensiblement que cela doit avoir contre soi tous les gens à système de *Banque*, et c'est ceux-ci que je rencontre assez souvent pour être très-fondé à vous annoncer ce genre d'adversaires intéressés. J'aurois pu ajouter qu'une *Banque*, quelque solide qu'elle paroisse, quelque réputation qu'aient ses intéressés, ne sera jamais fondée que sur une confiance que des pertes ou l'infidélité de quelque employés peut renverser : de-là, la *banqueroute* et la ruine des plus fortes maisons, puis celles des inférieures, et ainsi de suite. Si cette *Banque*, alors est devenue un objet conséquent, que de maux ne résulteront pas d'un tel événement ; et si ces opérations ne s'élèvent pas à des milliards, de quelle ressource pourra-t-elle être pour les besoins extrêmes de l'Etat et de tous les particuliers ?

Je me laisse entraîner à des raisonnemens qui ont retardé, pour un instant, ce que j'ai l'intention de dire sur l'intérêt *factieux* qui est, à ne pas en douter, le plus véhément de tous. Celui ci se sert impérieusement de l'intérêt particulier et de l'intérêt systématique, pour en venir à ses fins; vous jugez ce que vous allez avoir à démêler avec lui ! Ceux qui sont animés par son principe n'entendent à aucune considération ; tout ce qui leur résiste est mauvais, tout ce qui les favorise est bon ; et, dût la Société entière en être culbutée, ils veulent sans amendement ni restriction quelconque. L'anarchiste veut la licence et le pillage ; l'aristocrate les priviléges et les prérogatives : que cela soit vexatoire, tant qu'il vous plaira ; il faut, et nous voulons, vous diront-ils, chacun dans leur sens particulier. Tous ceux qui les aideront seront de leurs amis, soit qu'ils y soient portés par l'égoïsme repoussant d'un intérêt sordide et particulier, soit par la manie systématique : pourvu que l'on s'acharne contre ce qui leur fait obstacle, c'est tout ce qui leur faut. Ni justice, ni équité ; ni raison, ni humanité ; rien ne les intéresse que ce qui leur favorisera les moyens de monter sur les épaules et sur la tête des humains, pour les fouler aux pieds et les vexer, autant que cela deviendra en leur pouvoir.

Voilà une esquisse légère des divers personnages que vous aurez contre votre proposition. Jugez des sarcasmes et des atrocités qui vont se diriger, et contre votre objet et contre vous-même !

Mais vous l'avez prévu, puisque vous ne voulez être connus que par celui qui est chargé de vous représenter ; et je trouve que cet expédient démontre autant de prudence que de modestie. Ce n'est pas que je veuille affoiblir l'une par l'autre, car je regarde que le sacrifice de la gloire réelle est fort souvent au-dessus des forces humaines, et que la prudence joue souvent un bien petit rôle auprès d'elle : aussi allez-vous être interprétés à la manière de ceux qui ne vous ressemblent pas, et Dieu sait, ou ne sait pas, jusqu'où cela pourra aller.

Un point qui va singulièrement révolter les esprits perfides ou pervers, c'est que vous défendez, faut-il dire, corps à corps, un régime que deux partis furieux veulent anéantir. Les uns veulent une république impossible à organiser : les autres une monarchie qu'ils feignent de vouloir mitiger. Chacun trouveroit bien à tirer un parti très-avantageux de votre *Caisse-commune*, dans l'ordre de chose qu'il desire, mais il leur importe à tous deux de ne point l'admettre dans celui qu'ils veulent détruire, et c'est-là justement celui que vous préconisez : si vous calculez d'après cela, quel va être le nombre des adversaires que vous allez avoir à combattre.... Mais il va sembler que j'ai le

dessein de vous effrayer, et je vous jure
que c'est si peu mon intention, que je vous
promets, non-seulement mon assistance,
dont vous n'avez pas besoin, mais celle
de tous les amis du bien public, qui ne
manqueront pas de se faire entendre lorsque le fonds de votre projet sera connu.
Et c'est-là l'objet que l'impression procu-
rera à la Société entière ; car les journaux
vont faire retentir, ou leurs blâmes ou
leurs applaudissemens, selon les principes
pes de leurs Rédacteurs, et la *Caisse-
commune* va devenir au moins le sujet
des entretiens communs, où chacun pè-
sera les avantages, s'il les découvre, et
les désavantages s'il les peut créer. Il ju-
gera au moins, et cela vaudra mieux que
de laisser ensévelir un objet de cette nature
dans un réduit qui en prive tout le
monde.

Vous pouvez concevoir d'après les principes que je vous développe, quel pourroit être mon desir de voir les affaires
renaître, la République se consolider, et
le bonheur habiter enfin parmi nous. Hé-
las ! si ceux qui sont appelés à nous procurer tout cela, n'en étoient pas empê-
chés par ceux dont j'ai effleuré ici le por-
trait, je le crois comme vous, nous se-
rions bientôt hors de nos misères. Eh bien !
Il faut que je le crie aux oreilles endur-
cies qui se révolteront à l'entendre ; oui,
la *Caisse-commune* que l'on propose pro-
curera tout ce qu'il est nécessaire pour

produire le bien-être dont tant de scélérats nous privent. Celui-ci ne veut que de petits moyens, parce qu'il sait que cela nous mine et nous expose aux plus grands dangers ; aussi sommes-nous, enfin, au dépourvu le plus affligeant. Celui-là nous berce de sornettes pour nous distraire des grands objets dont il est si important de s'occuper : il nous parle de costumes, d'Opéra ; de choses, enfin, qui seroient charmantes, si les circonstances ne les rendoient pas ridicules et mêmes révoltantes. Quoi ! nous périssons de misère et d'inquiétudes !.... Non, non ; tout cela va définitivement prendre une face plus digne du rang que nous voulons tenir parmi les puissances de la terre. Guérissons-nous de notre frivolité ; repoussons avec mépris et avec la nazarde sous le nez, tous ces fourbes insignes qui feignent des principes qu'ils abhorent, afin de se ménager les moyens de s'opposer aux expédiens salutaires que l'on pourroit employer sans eux : soyons hommes enfin, et bientôt nous serons à même de subvenir à tout.

Mais ! si l'on n'a pas le courage d'employer d'autres moyens que les palliatifs, et les petites ressources, préparons-nous à la nouvelle révolution qu'on nous fomente de toutes parts. Il est d'une impossibilité absolue que nous n'ayons pas, avant peu, une crise des plus violentes, et qui doit combler, à ce qu'ils espèrent, les vœux de tous ces êtres dont je viens de soule-

ver un peu le masque. Je me réserve de
l'arracher avant qu'il soit peu, si le besoin en devient plus pressant, et je reviens
encore un moment à l'objet particulier de
ma lettre.

Le grand obstacle, ou pour mieux dire,
la source de tous les obstacles que vous
rencontrerez, est dans la corruption gé-
nérale, et dans la subversion de tous les
principes. Celui-ci ne veut adopter que
ce dont il entrevoit pouvoir abuser, ou
tirer un grand parti à son avantage particulier ; celui-là, ce qui favorise ses idées
systématiques : l'autre, ce dont il est possible de faire illusion, afin d'enchaîner et
d'avilir les humains, en feignant de les
conduire au bonheur dont il cherche à les
éloigner.... Il en est qui iront jusqu'à
prétendre que les revenus de l'État seront
d'autant plus considérables, que la gêne
dans les affaires, que la misère enfin sera
plus grande : les procès, les actes insuf-
fisans qui donnent lieu à des contestations
qui nécessitent d'autres actes encore. Tout
cela augmente les droits d'enregistrement,
de timbres, etc. disent-ils : et renoncer
à cela pour des revenus d'une autre nature, c'est laisser le certain pour l'incer-
tain : et les voilà qu'ils croient être de
fins politiques, lorsqu'ils ne sont que des
hommes très - absurdes ou très-méchans.
Parlez à de tels êtres du bonheur qui pourroit résulter pour la société, de l'anéan-

tissement de toutes discussions entre gens de bien. Dites-leur qu'il est cruel de recourir à des moyens aussi perfides pour procurer des ressources au Gouvernement : ils vous qualifieront d'avoir des vues courtes et plattes, un entendement resserré, une lâcheté de conception qui vous dégrade à leurs yeux. Avec de la vraie philosophie, on se félicitera d'avoir encouru leurs sarcasmes et leurs injures.

Il est certain, malgré les faux raisonnemens que je viens de vous annoncer, que les opérations fréquentes et multipliées de la *Caisse-commune*, donneront lieu à une énorme quantité de transactions, qui augmenteront d'une manière étonnante, les revenus de l'État, et cela, sans vexer ni surcharger le peuple, et au grand contentement de ceux à qui il en coutera. Je dis au grand contentement, car il est très-satisfaisant pour celui qui cherche à emprunter ou à vendre, de le trouver ; à celui qui veut acheter, de pouvoir le faire, et ainsi employer, presque sur l'heure, des fonds qui peuvent dépérir dans ses mains, faute d'occasion à sa guise ; et en outre de trouver, à bas prix, de quoi completter ce qui peut lui manquer pour parvenir à ce qu'il souhaite, etc. Croyez-vous à présent, Messieurs les politiques, que votre calcul sur la misère, et les contestations qu'elle entraîne, soit à comparer avec celui qui peut résulter du contentement délicieux de l'homme honnête, qui rempli ses vues avec facilité : qui, par-là, fait des affaires avantageuses, et qui, enfin, se procure un bien-être que personne n'est fondé à lui reprocher ?

Il y a si peu de comparaison entre ces deux revenus publics, que je regretterois de les avoir mis en parallèle, si l'opposition ne se trouvoit pas être de nature à confondre les systématiques infâmes dont je me trouve obligé de parler.

Il est encore une autre sorte d'adversaires qui vous attaqueront sur l'anonyme que vous demandez à garder, et ceux-là sont peut-être très-fondés : comment, se disent sans doute déjà plusieurs d'entre eux, nous qui cherchons par-tout à dérober et à nous approprier les découvertes et les ouvrages des autres, et même leur fortune si nous le pouvions, nous aurions quelque respect ou quelque considération pour un procédé semblable ! Ce seroit-là une contradiction manifeste dans nos principes, et nous sommes décidés à soutenir que ces gens-là sont des mal-intentionnés.

Si l'on vient à prouver devant eux que cela est tout au contraire la preuve d'une modestie peu commune, le résultat d'un raisonnement profond, par lequel on a voulu qu'un aussi puissant moyen de faire le bonheur de notre infortunée patrie, ne soit, faut il dire, dû à personne, ainsi que vous le dites : ils diront alors que ce

Moyen tant exalté, n'est au fond rien de neuf ; qu'il est déjà connu : qu'on a eu cela, à quelque différence près.... Dites-leur de le prouver, et ils tâcheront de vous persuader que l'objet est si peu de chose que cela ne vaut pas la peine d'en parler.

Si tous ces gens-là vouloient s'exprimer avec cette franchise et cette vérité, qui les contrarient toutes les fois qu'ils les rencontrent, ils vous avoueroient qu'ils ne connoisssent ce *Moyen* extraordinaire que depuis qu'il leur a été communiqué : qu'il est bien vrai que ce projet renferme nombre de choses déjà pratiquées, mais que le plan en lui-même est parfaitement neuf : qu'il consiste en un rassemblement de parties qui n'ont jamais eu nul part cette liaison et cet ensemble admirables, qui constituent le *Moyen infaillible*. Ils ajouteroient que toutes les branches de ce projet sont en effet connues, mais seulement comme le sont les colonnes, les entablemens, les péristyles en architectures ; les couleurs et les ombres en peinture, etc. ; mais que cela ne signifie pas que tel édifice ou tel tableau ressemble à tous les autres. Enfin, j'ajouterois que, n'y eût-il que l'idée inouie d'un Etablissement qui n'appartiendra à personne, sur lequel le Gouvernement lui-même n'aura aucun droit que celui d'ins-pection, et aucune prérogative que celle de chaque particulier propriétaire de bien-fond ; d'un établissement, enfin, qui sera

la

la chose d'une société de vingt-cinq millions
de Citoyens, cette conception seule est
capable d'étonner tout humain suceptible
de la saisir dans toute sa profondeur,
hors qu'il ne soit détourné par la crainte
du bien qu'il pourra en résulter.

Il est encore une réflexion à faire : c'est
que tous les êtres passionnés se préoccu-
pent souvent, au point qu'ils ne peuvent
plus appercevoir que ce qui est dans leur
propre pensée : ce qui s'en écarte n'a
point de prise sur eux, et ne sert qu'à
les indisposer, à les irriter même, au
point de vous en faire des ennemis posi-
tifs. Cette réflexion en justifie quelques-
uns à mes yeux, en ce qu'elle me force
à ne plus les considérer que comme des
espèces de machines passionnées, qui sont
constamment livrées à leurs impulsions
particulières.

Tout cela me suggère la pensée de vous
imiter, en gardant l'anonyme comme vous
le faites. J'avoue que mon motif n'est pas
tout-à-fait le même que le vôtre, puisque
c'est la seule crainte des méchans qui me
guide ; mais ce motif me paroît suffisant,
et je vous invite à seconder mes vûes, si
vous venez à deviner qui je suis, et si
vous vous décidez, toutefois, à livrer ma
lettre à l'impression.

La persuasion que vous m'accorderez la
faveur du secret, cette persuasion, dis-je,
va me faire dire quelque chose que je n'ai

B

encore qu'effleuré : Vos vues de prospérité publique sont d'une évidence , que la mauvaise foi la plus décidée, ne pourra combattre sans se déceler à tous les yeux. Cependant, vous auriez tort de vous flatter que ce sera là un obstacle suffisant : non , votre projet cadre trop bien avec les circonstances, et vous auriez pour vos plus zélés partisans , toute la tourbe de vos adversaires , si ce projet sappoit sourdement les bases fondamentales de la République. Alors, les lenteurs, dont vous appercevez sans doute les causes cachées , seroient bientôt remplacées par une activité que les principes destructeurs portent toujours avec eux. Il est bien malheureux que ce soit-là une vérité ! Mais la méchanceté , chez les hommes , est toujours active et véhémente , tandis que la bienveillance n'est souvent que lente et réfléchie. On disserte , on développe la théorie des bonnes œuvres , parce qu'on se fait alors un mérite apparent , une vertu d'expression, qui ne coûte que la peine de dire : mais le mal s'exécute toujours d'une manière subite et pressée , parce que c'est un besoin impérieux dans l'être que la passion domine.

Revenons actuellement sur nos pas , pour parler un peu plus en détail sur le système de *Banque*, qui est dans ce moment à l'ordre du jour. Le Gouvernement n'a pas proposé de prix sur cette question , parce que , sans doute , cela auroit isolé les concurrens , et qu'il valoit mieux réunir les hommes les plus capables de produire dans ce genre , afin d'obtenir un grand jour du rassemblement de toutes leurs lumières.

Vous ne vous êtes pas occupé, dans votre Mémoire, de démontrer que votre *Caisse-commune* n'étoit point une *Banque*. Aussi le Représentant du Peuple , Riou , s'est-il contenté de dire à la tribune que cela y avoit rapport : ce qui peut signifier qu'il pourroit en tenir lieu, et soustraire la Nation à ces Compagnies ruineuses , dont on a si long-temps été empoisonné.

Je ne prétends pas dire cela pour noircir l'idée de ceux qui en ont fait la demande , ni les Députés du Commerce , qui s'efforcent d'inventer quelque chose dans ce genre , pour satisfaire au desir qui leur est manifesté ; c'est de la chose même dont je vais m'occuper un instant, sauf à y revenir , si le besoin s'en présente.

Je ne parlerai que des deux projets de *Banque* dont il a été donné quelques articles dans les journaux. Je commencerai par celui qu'on dit être du citoyen *Gruyère* , Député du Commerce de Bruxelles, parce qu'il paroît infiniment moins dangereux que l'autre , qu'on attribue néanmoins à la Députation entière. On a donné onze articles de celui du citoyen *Gruyère* , et je ne transcrirai que ceux qui peuvent donner lieu à des réflexions de quelqu'importance.

Il est dit, par l'article premier : *Le nombre des Actionnaires sera illimité.* On comprend que ceux qui pourront acheter un certain nombre d'actions, seront libres de le faire, en tel nombre qu'il leur plaira : qu'ils auront alors voix délibératives dans les assemblées, comme cela se pratique. On ne demandera certainement pas à ces Actionnaires-là, si l'argent avec lequel ils achètent leurs actions, vient d'Angleterre ou d'Allemagne ; si leurs procédés sont aussi purs que cela est nécessaire pour le bien de la République, ou de la France, etc. De pareilles questions seroient génantes, et ceux qui sont dans les *grands principes* les traiteroient de dérisoires, d'absurdes et d'*incroyables*.

L'article trois dit : *Le Gouvernement ne pourra être Actionnaire en quelque manière que ce soit.* Cela s'entend du Gouvernement de France seulement, car autrement on le diroit.

L'article quatre porte : *La mise pour former une action, se composera de bien - fonds et de numéraire ; pour* 10,000 *francs, on fourniroit* 12,000 *francs de terre, ou* 15,000 *francs en maisons assurées contre les incendies.* Il est sensible que si le Gouvernement pouvoit être Actionnaire, il deviendroit capable de posséder à lui seul les deux tiers des actions, et peut-être,

(21)

l'autre tiers encore, en ce que peu de particuliers oseroient se mettre à table avec lui. Mais, d'un autre côté, il est certain que cela met le Gouvernement dans la nécessité de vendre ses biens, puisqu'il lui ôte la facilité de se récupérer de ses intérêts sur le bénéfice des actions, car il ne peut en avoir de *quelque manière que ce soit.*

Quant à l'article cinq, je le trouve presque irréfléchi, car il me paroît d'une impossibilité absolue. Cet article porte : *Il sera fait appel de fonds en numéraire effectif, pour payer, à bureau ouvert, les effets au porteur qui seront créés par la Banque.*

Je ne sais si cet *appel de fonds en numéraire effectif,* sera fait de pied ferme, à la manière des maîtres d'escrime, et si le numéraire, qui est *en garde,* répondra à l'*appel* avec beaucoup d'abandon : mais la crainte d'être pris par un *coup de temps,* pourroit bien lui faire conserver son immobilité. On aura beau lui faire signe que c'est pour payer à *Bureau ouvert ;* ceux qui le tiennent le garderont, malgré l'*appel,* et cela, pour attendre et saisir le mouvement de l'attaque : ensuite, garre la botte ! En effet, ceux qui seront porteurs des effets de la *Banque* seront toujours les plus habiles à répondre à l'*appel,* et s'ils trouvent la *Banque* en défaut, comment se tirera-t-elle du combat? L'impossibilité se présente avec la plus grande évidence ; car , pour que la *Banque* fasse une ressource pour les besoins de l'Etat , il faut qu'elle émette un milliard , au moins , de son papier pour le Gouvernement , et environ autant pour les particuliers. Où trouvera-t-elle un numéraire suffisant pour satisfaire à ceux qui voudront être payés , à *Bureau ouvert, en numéraire effectif ?*

L'article six est du genre le plus connu : il y est dit : *Une action de la Banque sera elle-même un effet négociable.* C'est-là de la besogne pour les Courtiers , et les Agens de change , et de la pâture pour l'*agiotage.*

Tout actionnaire , dit l'article sept , *pourra emprunter à la Banque sur son titre.* Cela étoit pratiqué à la *Banque* d'Amsterdam , et ailleurs. Cette opération pourroit s'appeler un emprunt sur son propre prêt.

Par l'article huit : *Tout particulier , non actionnaire , pourra emprunter sur contrats : il recevra cinq sixièmes sur bien-fonds, et deux tiers sur maisons.* L'on prête ici bien davantage que vous ne le proposez dans votre projet de *Caisse-commune :* mais je ne vois pas que cela soit fondé sur un calcul aussi conséquent.

Toutefois , je conviendrai que ce projet n'est pas présenté d'une manière assez détaillée pour que l'on puisse en completter une analyse : ainsi, je vais me réduire à quelques réflexions générales.

Je ne vois rien dans ce projet qui puisse

inspirer, ni par conséquent asseoir la confiance dont un papier quelconque à besoin. L'engagement des domaines, terres, maisons, etc. est une sûreté pour la *Banque*: mais où est celle du Public ? Il est certain qu'elle n'existe que dans l'opinion que l'on pourra prendre de ceux qui seront chargés de sa gestion : si cette opinion réussit à être telle que l'on ne mettra plus de différence entre le papier de la *Banque* et le numéraire métallique, l'*appel* de fonds effectifs deviendra facile, mais très-dangereux, en ce que le numéraire peut s'absorber dans les caisses de la *Banque* et ne reparoître que dans un temps ou dans des lieux qu'on ne sauroit appercevoir depuis ici.

Ensuite de cela, comment s'assureroit-on que le Gouvernement, sous un prétexte ou sous un autre, ne pourroit pas s'emparer de la *Banque*, fondé sur les besoins de l'Etat, et la foiblesse, ou l'inconduite des Administrateurs de cette *Banque* ?

Il en est qui vont peut-être se figurer que les mêmes inconvéniens sont aussi applicables au projet de votre *Caisse-commune*: mais ce seroit n'en pas concevoir la nature et être absolument incapable de l'apprécier, ou enfin, être décidément porté à lui faire obtacle par quelques raisonnemens captieux. D'abord, il n'y est point question *d'appel de* fonds effectifs. La *Caisse-commune* n'en aura besoin que pour des appoints au-dessous de cent livres, et avec le un pour cent, elle pourra s'en procurer, lorsque toutes choses seront sur le pied où elle ne manquera pas de les amener : ensuite cette *Caisse* étant la chose de l'universalité des Citoyens, elle sera, par cela seul, un objet inviolable par aucune autorité quelconque : la Nation entière, dont les Armées font parties, en sera la gardienne, contre toute espèce d'attentat de la part de ses fondés de pouvoir, auxquels celui-là n'a pas été plus délégué que celui de violer les femmes et les filles des citoyens. Une partie des bénéfices que produira la *Caisse-commune*, est destinée à récompenser les défenseurs de la patrie, et ce seroit à eux que la Nation recommanderoit la garde d'un objet aussi précieux, si quelqu'usurpation venoit à se diriger vers cet objet si essentiel à la République ; c'est-à-dire, à tous ceux qui la composent ?

Vous savez actuellement ma façon de penser, et combien je dois être éloigné de croire que les gouvernans actuels soient capables de s'attirer, par une telle action, l'animadversion, dont ils ne sont chargés que par le fait de leurs prédécesseurs, et la misère où l'on se trouve réduit ; mais lorsqu'on traite une question, on se trouve souvent forcé de recourir à toutes les espèces de suppositions, et c'est ce que que je viens de faire.

Je le déclare ici, avec toute la franchise et la sincérité dont mes principes et mon être

entier me font une loi ; je ne trouve aucun moyen de réfuter les bases de votre projet de *Caisse-commune,* tandis que ce qui en
approche le plus me présente des vices ca-
pitaux, dès qu'il s'éloigne et diffère des principes que vous avez établis.

J'avouerai cependant que le projet de *Banque* du citoyen Gruyer est infiniment moins
effrayant que celui qu'on prétend avoir été
proposé par l'assemblée entière des Députés
du Commerce. Je vais, à ce sujet, rapporter
se qui se lit dans quelques journaux , et qui,
sans doute , auroit été démenti , si la chose
étoit dénuée de vérité. Voici comment cela
est exprimé dans le journal intitulé , Pos-
tillon de Calais , du 8 Nivôse.

» L'Assemblée des Négocians, y est-il dit,
» a examiné quarante PLANS de *Banque,*qui
» lui ont été remis par les Ministres. Quel-
» ques-uns de ces PLANS , lui ont paru con-
» venables pour un temps de paix , mais
» aucun ne lui a semblé atteindre le but
» que présentent les circonstances actuelles :
» voici à-peu-près qu'elles sont les bases
» qu'elle croit pouvoir proposer.

» 1°. Que le Gouvernement prenne l'en-
» gagement le plus sacré de ne jamais *s'im-
» miscer* dans les opérations de cette banque,
» ni s'en approprier les fonds , ni se *servir*
» *de son papier.*

» 2°. Qu'il lui fasse cession et abandon
» *absolu* de biens-fonds , ou de valeurs cer-
» taines , que l'on puisse réaliser dans un

» délai de *six mois*, de manière que ces
» biens et ces valeurs soient tellement à la
» disposition de la *Banque*, tellement sa
» *propriété*, que qui que ce soit n'ait le droit
» d'y rien prétendre, ni d'en demander
» compte ; à ces conditions, la *Banque*
» émettra sur-le-champ un papier revêtu
» des signatures qui mériteront le plus de
» confiance, et les plus propres à rétablir
» le crédit.

» 3°. Elle sera composée d'un nombre
» *indéterminé* d'Actionnaires qui choisiront
» un nombre d'Administrateurs, etc. etc. Il
» sera fait un règlement qui fixera d'une ma-
» nière précise et avec les développemens
» nécessaires, les bases qui sont ici à peine
» ébauchées. Une clause seroit, *sine qua*
» *non*, le rétablissement de la contrainte par
» corps «.

Quel précipice pour la république et pour
la France, quelqu'en fût le gouvernement,
si un tel projet s'effectuoit ! Il y a là, en outre
une sorte de hauteur dans le ton, qui semble
avoir pour but l'avilissement des autorités
que l'on doit respecter, lorsqu'on n'est
point des anarchistes effrénés, ou des em-
poisonnés par quelque principe destructeur
de l'ordre et de la tranquillité public. Le
Gouvernement le plus détestable mérite toujours nos respects : nous devons nous employer, autant qu'il dépend de nous, à l'é-
clairer, le corriger, à le perfectionner enfin;
mais jamais à l'injurier ni l'avilir. Quicon-

que sort de ce principe, est un méchant
ou un insensé.

Mais venons à une petite analyse des propositions, quelqu'en soient les auteurs : cela
peut servir à plus d'une fin.

Par l'article premier, le Gouvernement
doit prendre *l'engagement le plus sacré* de
ne jamais *s'immiscer* dans les opérations de
cette *Banque*. C'est comme si l'on disoit que
les loix, dont le gouvernement est le fonc-
tionnaire en chef, n'auront aucune prise
sur les *opérations* de la *Banque*, et que,
quelque vexatoires que puissent devenir ses
opérations, quelque funeste qu'elles puissent
être à l'état et aux particuliers, il sera défendu
au Gouvernement de *s'immiscer* à en surveiller ni arrêter les effets, quelques dangereux qu'ils deviennent ou puissent devenir.
Je m'abstiens de qualifier une telle proposition, parce qu'elle est attribuée à des hommes
choisis qui, par cela seul, méritent des égards;
et je passe à une seconde remarque sur le
même passage. Il faut *que le Gouvernement
prenne l'engagement le plus sacré de ne jamais s'immiscer* : ce ne doit point être au
Gouvernement à prendre cet engagement,
ni aucun autre. C'est aux loix à lui en im-
poser l'impossibilité. Mais il semble que
notre logique soit absolument en défaut aujourd'hui, sur bien des points, pour que l'on
confonde si souvent la loi avec celui qui est
dans l'obligation de l'exécuter ; c'est-à-dire,
de la mettre en action. Tant de gens qui

n'en ont pas *s'immiscent* aujourd'hui dans ce qu'ils n'entendent point, que l'on auroit tort d'en être surpris.

Je remarquerai ici que vous avez invité les corps législatifs à pourvoir au nécessaire, afin de mettre le Gouvernement dans l'impossibilité de s'approprier les fonds de la *Caisse-commune,* et de le mettre néanmoins dans l'obligation de faire surveiller, non-seulement les opérations, mais encore l'état positif de cette *Caisse.* C'est pour la sûreté de tous qu'il agît alors, et ce devoir du Gouvernement est de la même nature que tous les autres que la Constitution lui impose. Combien votre objet diffère de tout ce avec quoi on va s'obstiner à le vouloir confondre.

Il faut que je fasse encore une remarque, avant que de quitter ce premier article des propositions. Il y est dit que le Gouvernement ne pourra pas se *servir* du *papier* de la *Banque.* J'avoue que je m'y perds, et que je ne vois pas comment la *Banque* payeroit les *bien-fonds ou les valeurs certaines* de la Nation, dont il lui seroit fait *cession et abandon absolu,* comme il est dit dans l'article deux, à l'examen duquel me voici arrivé.

Non comptant que cette *cession* et cet *abandon* soient *absolus,* il faut encore *que l'on puisse réaliser* tout cela *dans un délai de six mois, de manière que ces valeurs soient* TELLEMENT *à la disposition de la Banque;* TELLEMENT *sa propriété, que qui que ce soit n'ait le droit d'y rien prétendre, ni d'en demander compte*. Heureusement que ce n'est pas tout-à-fait le pistolet sur la gorge que l'on fait une pareille proposition, et qu'il y a d'autres moyens que celui-là pour tirer l'Etat de l'embarras où il se trouve : mais telle qu'est cette proposition, voyons où elle pourroit nous conduire, et pour cela, supposons cette *Banque* établie et formée d'un nombre illimité d'Actionnaires à qui l'Angleterre et l'Allemagne auroient fourni des fonds, et, tout embarassé que je suis de savoir qu'elle valeur la *Banque* aura donné pour obtenir la *cession* et *l'abandon absolus* qu'elle exige, je suppose qu'elle l'a acquise au prix qu'il aura été possible d'en obtenir dans l'espace, horriblement précipité, de six mois. Il me semble voir clairement que, dans le premier mois, les objets se vendront à la moitié de leur valeur ; dans le second mois, à deux sixièmes et demi ; dans le troisième, à un tiers ; dans le quatrième à un sixième et demi ; dans le cinquième mois, à un sixième tout juste ; et qu'enfin dans le sixième mois, on l'aura pour ce que l'on voudra bien en donner, si l'on se trouve réduit à devoir en donner quelque chose.

Supposons, à présent, qu'il y a encore pour trois millards de Biens nationaux à vendre, et nous trouverons que les trois millards ne produiront guères que sept à huit cents millions, tout au plus.

Les dépenses à faire par le Gouvernement pour acquitter les ordonnances déjà faites, et ce qu'il est nécessaire qu'il paye pour se remettre à un courrant dont il est aussi horriblement éloigné ; celles à continuer pour s'acheminer à une fin que les circonstances rendent si desirable : toutes ces dépenses, dis-je, absorberont dans un assez court espace de temps, la ressource de la *Banque*, qui n'est que celle du moment. Que fera ensuite ce Gouvernement ainsi dépouillé, vis-à-vis de ceux qui auront la certitude bien démontrée de sa ruine totale ?

Il n'a certainement rien à redemander à la *Banque*, car tout est TELLEMENT *à sa disposition et* TELLEMENT *sa propriété, que qui que ce soit n'a le droit d'y rien prétendre, ni d'en demander compte* ! Il lui reste la ressource des impositions, qui ne peuvent manquer d'être des plus exhorbitantes, et des contributions de toute espèce et des plus accablantes. Les ennemis de ce Gouvernement, qui pullulent dans les administrations, vont invalider ce moyen, déjà si révoltant par lui-même : ils vont le dénigrer en le déchirant à belles dents. Les journaux salariés par la *Banque*, car elle ne manquera pas de le faire si elle devient telle que nous la supposons en ce moment : ces journaux vont le vilipender, comme le font d'avance ceux qui le sont par l'étranger. Dans ce mécontentement général et cette haine universelle, la *Banque* pourra lui tendre encore quelques secours aussi accablans que la ressource dont elle lui aura déjà été. Ce seront des concessions de droits dont le Gouvernement se trouvera forcé de se dépouiller en faveur de la *Banque ;* puis d'autres concessions encore. Bientôt la *Banque* possèdera tout, et le Gouvernement, après lui avoir vendu toutes les sortes de priviléges, finira par lui appartenir.

Voilà de quelle manière l'aristocratie, proprement dite, pourra, sous le titre captieux d'Actionnaires de *Banque,* nous fournir autant de Souverains qu'elle aura de Matadors dans sa gestion.

Cette *Banque* fertile, offre un autre point de vue qui pourroit bien simplifier le nombre de nos Maîtres, et je demanderai encore ici si c'est l'Angleterre et l'Allemagne qui auront fourni les fonds des Actionnaires, et obtenu les domaines et les droits du Gouvernement, sous le prétexte d'un *Bourbon,* qu'ils détestent et méprisent, pour nous donner à un duc d'*Yorck,* ou pour nous soumettre à l'Angleterre et réaliser le titre vain de Roi de France, que le Roi de la Grande-Bretagne conserve, sans doute, pour l'occasion que l'on ne pert point de vue.

Je ne puis m'empêcher de protester ici que je vois sans cesse du *Malmesbury* dans tout ce qui se propose depuis un certain temps. J'ai beau rejetter les idées qui me viennent à ce sujet, afin de n'en être point préoccupé, elles renaissent toujours du fond des choses les plus importantes ! de sorte que je me déclare subjugué par elles.

Ce *Lord*, pourra, tant qu'il voudra, faire de forts longs narrés sur les entretiens qu'il a eu avec notre Ministre des relations extérieures ; il me paroît, on ne peut pas plus certain, que sa mission n'avoit aucunement pour objet la paix, mais la ruine projettée de la France entière.

O ma Patrie ! seras-tu assez heureuse pour échapper à tout ce qui se trame et s'exécute pour parvenir à ta destruction ?

Je ne m'arrêterai pas plus long-temps sur les propositions qu'on attribue à l'Assemblée des Députés extraordinaires du Commerce : mais, si c'est-là le résultat de leurs talens réunis ; si dans les quarante projets qui leur ont été remis par les Ministres, ils n'ont rien trouvé de meilleur que tout cela, je me prosterne devant celui que vous avez intitulé *Moyen infaillible*, parce que je l'estime devoir produire le plus grand bien.

Salut & fraternité.

Nous nous abstenons de dire tout le bien que nous pensons de la Lettre qu'on vient de lire. Il sembleroit que c'est par représailles d'applaudissemens que nous le ferions ; ainsi, nous en laisserons juger les autres. Nous dirons seulement que s'il est possible & même douloureux de sentir qu'il existe des hommes assez affreux pour empêcher

pêcher que le bonheur se répande ou s'effectue, il est consolant de découvrir qu'il en est aussi qui cherchent à le produire & à le promulguer avec zèle & affection.

Nous voyons en cela une lutte à établir, où nous nous proposons de jouer un rôle un peu marqué, un rôle propre à stimuler nos imposteurs politiques. Nous invitons fort celui qui nous a écrit, à ne pas s'en tenir à sa Lettre. Son pinceau à saisi des caractères que nous connoissons, & qu'il semble avoir eu personnellement en vue, caractères dont nous nous trouverons peut-être dans la nécessité de faire l'application positive.

Que les êtres à deux faces, que nous connoissons, ne nous forcent pas à en venir là ; car nous les montrerions aussi ridicules d'un côté qu'ils sont affreux de l'autre, & cela les démasqueroit au point que toutes les fables leur deviendroient applicables, & que même, ils deviendroient la fable de chacun.

Nous allons donner, à présent, le Plan particulier de la Caisse-Commune, tel que nous l'avons communiqué à la précédente Commission des Finances du Conseil des Cinq-cents, le 12 Nivose dernier : cela offre un tableau encore plus positif de ce que doit être cette Caisse.

PLAN

DE LA

CAISSE-COMMUNE

DE LA

RÉPUBLIQUE FRANÇAISE.

IL sera créé une *Caisse-commune*, pour tous les Propriétaires de bien-fonds existans dans le territoire de la République Française. Cette *Caisse* sera indépendante du Gouvernement, et de toute autre autorité que de celle des loix qui lui seront relatives : elle n'appartiendra à aucune Compagnie ni corporation d'actionnaires, elle sera la chose de tout ce qui compose la République entière.

Art. II. Chaque Département sera tenu de nommer un *Député* de *Commerce* pour former, dans la Métropole, un CONSEIL particulièrement occupé de tout ce qui concerne cette partie essentielle de la prospérité d'une Nation.

Art. III. Lorsque ce *Conseil de Commerce* sera ainsi formé, il se fera un tirage au sort parmi les membres qui le composeront, de manière à ce qu'il en échoient 12 ou 15 qui deviendront particuliérement chargés de la gestion administrative de la *Caisse-commune*. Les autres Députés, occupés des grands moyens de prospérité commerciale, assisteront à la vérification des Comptes, et de l'état de la *Caisse*; ils l'attesteront, conjointement avec les préposés à cette vérification.

Art. IV. Tous Directeurs, Caissiers, Trésoriers, Notaires particuliers de la *Caisse-commune*, ainsi que ses Administrateurs, seront personnellement responsables de la fidélité et de l'intégrité de leurs fonctions.

Art. V. Le Gouvernement nommera une Commission *ad hoc*, dont la fonction sera de surveiller les opérations de la *Caisse-commune*, et, tous les derniers jours de mois, ils feront, conjointement avec les Administrateurs de la *Caisse*, et en présence de l'Assemblée des *Députés de Commerce*, l'examen authentique des Comptes et de l'état de la *Caisse-commune*. Ils dresseront un procès-verbal de cet état de choses, dont deux copies, signées par les Commissaires, resteront, l'une aux Administrateurs de la *Caisse-commune*, et l'autre au Conseil des *Députés de Commerce*. L'original, signé par deux Administrateurs de la *Caisse*, et par le Président du Conseil de Commerce, servira à justifier de leur mission.

Art. VI. Il sera créé cent actions, de 3ooo liv. chaque, pour les Citoyens qui desireront assister aux Assemblées de vérification de la *Caisse*. Ces actions leur rapporteront quatre pour cent d'intérêt par an : elles seront invendables, et nul ne pourra en obtenir plus d'une seule. Lorsqu'un Actionnaire desirera s'en défaire, il la présentera au Bureau de la *Caisse-commune*, où le montant de ladite action lui sera remboursée sur l'heure.

Art. VII. Afin de completter l'authenticité de l'état de toute chose, il paroîtra tous les jours un *Journal* de la *Caisse-commune* où l'on rendra compte, par ordre de numéros, et par classe d'objets, de tout ce qui sera du ressort de ladite *Caisse*, du résultat de chaque vérification de compte, ainsi que des expédiens, des vûes et des avis concernant le *Commerce* et les *Finances*.

Art. VIII. Les Administrateurs de la *Caisse-commune*, ainsi que les *Députés du*

Commerce, seront renouvelés, par tiers, tous les ans, ainsi que les *Députés* des corps législatifs, afin de ne laisser prendre racine à aucun germe vicieux, que l'intérêt pourroit implanter dans l'Etablissement ; et en même temps, pour procurer au Conseil de Commerce, des hommes nouveaux, et par conséquent des idées diverses, que les renouvellemens ne manquent jamais d'occasionner.

Art. IX. Toutes choses en cet état, il sera loisible à tous et à chacun des propriétaires de biens-fonds, d'emprunter à la *Caisse-commune* jusqu'à la moitié de la valeur estimée, tant par Expert, que par son produit en 1790, de sa propriété.

Art. X. Si un bien est grevé d'hypothèque pour un quart de sa valeur estimée, tel qu'il vient d'être dit, il ne pourra être obtenu de la *Caisse-commune* qu'un second quart, et ainsi du reste ; de manière que l'hypothèque nouvelle, jointe aux anciennes, n'excèdent point entr'elles toutes, la moitié de la valeur entière du bien.

Art. XI. Le Gouvernement pourra emprunter à la *Caisse-commune* sur chacun des immeubles nationaux, en particulier, et cela sous l'expresse obligation qu'il y sera

exactement traité de même que le plus ché-
tif des particuliers.

ART. XII. Les Mont-de-Piétés, qui pourront s'établir dans toutes les grandes villes,
jouiront de l'avantage d'obtenir de la *Caisse-
commune* tous les fonds nécessaires à leurs
opérations, moyennant des sûretés suffi-
santes.

ART. XIII. Les intérêts de tous les em-
prunts, purs et simples, seront irrévocable-
ment fixés à quatre pour cent, par année ;
ce qui fait un pour cent par quartier, et
chaque quartier encommencé, comportera
ses intérêts comme s'il étoit échu.

ART. XIV. L'Administration de la *Caisse-
commune* se chargera de procurer les ventes
et les acquisitions pour ceux qui le désire-
ront, et comme cette Commission entraîne
un travail et des sujétions ; les intérêts s'é-
lèveront alors à six pour cent de l'emprunt
pour le vendeur, et au demi pour cent de
la valeur totale pour l'acquéreur qui aura
chargé l'Administration d'agir en son nom :
ces intérêts et ce droit seront indépendans
des frais qui ne font point partie du travail
et des droits fiscaux qui font partie des revenus de l'Etat.

ART. XV. Lorsqu'un Propriétaire voudra

continuer à être débiteur de la *Caisse-commune*, il sera tenu, à l'expiration de chaque année, d'exhiber une attestation formelle, comme quoi son immeuble n'a point dépéri ; et lorsque la nouvelle estimation désignera un dépérissement, il ne sera tenu qu'au remboursement de la différence entre l'ancienne et la nouvelle évaluation, s'il veut continuer à jouir de son emprunt.

Art. XVI. Lorsqu'on n'aura pas satisfait à cette obligation, de même que lorsqu'on ne paiera pas exactement ses intérêts à leur échéances, et cela, de six en six mois ; les biens qui se trouveront en défaut seront, dès cet instant, placés dans la classe de ceux qui auront encouru la vente forcée.

Art. XVII. Les biens devenus à vendre, après l'emprunt pur et simple, aux intérêts déterminés par l'Article XIII, ci-dessus, ces biens deviendront à l'intérêt de six pour cent de l'emprunt, dès que le moment que l'obligation de vendre sera arrivé.

Art. XVIII. Tous les créanciers hypothécaires pourront rétrocéder, à la *Caisse-commune*, leurs droits et actions sur les immeubles existans dans la République, lorsque leurs hypothèques seront dans la proportion déterminée par les Art. IX et X, ci-dessus.

Art. XIX. Les forêts nationales seront engagées, partie par partie, pour parvenir au paiement en entier des Rentiers et des Pensionnaires de l'Etat. Cet engagement ne comportera l'obligation et le droit de vendre, que dans le cas où ces Créanciers de l'Etat ne seroient pas payés, ainsi que l'exigent l'honneur et la loyauté Française.

Art. XX. Conséquemment à l'article précédent, il sera prêté sur les contrats ou inscriptions au Grand-livre de Rentes perpétuelles, et cela dans la même proportion que sur les immeubles, et aux mêmes intérêts, par la *Caisse-commune*.

Art. XXI. Comme il seroit impossible, pour effectuer d'aussi grandes et d'aussi nombreuses opérations, de créer assez de numéraire métallique, il sera fabriqué pour chaque emprunt la seule quantité de papier nécessaire à son complément. Ce seront des Billets de la Caisse-commune *de la République Française*, qui porteront chacun le Numéro de l'enregistrement du prêt à l'occasion duquel ils auront été faits et délivrés.

Art. XXII. Il n'y aura de Billets de la Caisse - commune, que de cinq coupûres différentes : savoir ; des Billets de 100 francs,

200 francs , 300 francs , 500 francs et 1000 francs.

Art. XXIII. Ces Billets de la Caisse-commune , ayant une valeur aussi positive que l'on peut le comprendre pour tout ce que l'on vient de présenter ; ces Billets, dis-je , devront être considérés autant que des pièces d'or ou d'argent qui auroient en leur faveur le double effectif de leur valeur nominative. Ainsi, quiconque les refuseroit, doit être regardé comme voulant entraver et nuire à la chose publique , ou préjudicier à la tranquillité sociale ; ce qui emporte né-cessairement avec soi l'obligation de les re-cevoir, le *cours forcé* , enfin, dont la seule malignité nécessite la qualification.

Art. XXIV. Les remboursemens d'em-prunts faits à la *Caisse* , nécessitant la ren-trée des Billets de cette *Caisse* , la quantité qui complettera la somme empruntée , en sera sequestrée à la Trésorerie de la *Caisse-commune* , d'où ces Billets ne pourront plus ressortir, qu'avec les Numéros des nouveaux emprunts. Il sera fait mention expresse de cet objet dans l'état de la trésorerie de la *Caisse-commune* , afin que la vérification des comptes et de l'état de cette *Caisse* , ne soit point entachée par aucune incertitude sur l'exacte proportion entre les Billets et les hypothèques qui constitueront leur valeur.

ART. XXV. Comme il ne sera pas créé de BILLETS de la *Caisse-commune* au-dessous de 100 francs, il sera loisible à chacun de tenir un change ouvert, moyennant un pour cent : ce qui ne deviendra nécessaire que pour les apoints de comptes, et les opérations inférieures à la somme de 100 liv.

ART. XXVI. La *Caisse-commune* donnera et recevra des fonds métalliques à ce titre, même dans les emprunts et les remboursemens ; mais seulement au degré qu'elle pourra en avoir besoin. Cela fera l'objet d'une *Caisse* secondaire, dite *Caisse métallique*, dont l'état sera vérifié, conjointement à celui de la *Caisse-commune*, afin d'éviter les soupçons d'accaparement de ces espèces.

ART. XXVII. Il sera établi, dans chaque Département, un Bureau de correspondance de la *Caisse-commune*, auquel chacun devra s'adresser. Ces Bureaux seront organisés de manière à ce que la *Caisse-commune* n'ait affaire qu'à eux pour la partie de la corresdance.

ART. XXVIII. Les bénéfices de la *Caisse-commune*, tous frais prélevés, doivent appartenir, de droit, à la Communauté de la

République, et comme tels, être versés dans le Trésor National, pour y être destinés, 1°. à récompenser les défenseurs de la Patrie, auxquels un milliard de biens nationaux ne présente pas un objet très-positif, ni fort facile à départir entre eux ; 2°. le surplus formera un revenu à l'Etat, qui soulagera les contribuables d'une partie de leurs impositions.

Art. XXIX. Pour que les bénéfices susdits ne se trouvent point grevés par les indemnités à accorder aux *Députés du Commerce*, et que nul d'entre eux n'ait aucun autre *intérêt* à la gestion de la *Caisse-commune* que tous les êtres bien-voulant de la République, chaque Département sera tenu d'indemniser son *Député*, jusqu'à ce que, par suite de l'organisation du Conseil de Commerce, et des opérations majeures qui devront en résulter, ce Conseil soit à même de subvenir à cet objet.

Ceci tenant aux fonctions et aux opérations du Conseil de Commerce, il en sera plus particulièrement fait mention dans le Plan de son organisation, et dans l'exposé des vûes de Commerce dont nous promettons le développement immédiatement après que la *Caisse-commune* sera établie.

Art. XXX. La Société des Gens de Lettres et d'Affaires, Auteurs du Projet de la *Caisse-commune*, offre de monter l'Etablissement de manière à ce qu'il puisse être en activité lorsque le Conseil de Commerce, complettement formé, se trouvera dans le cas de mettre ses Administrateurs légaux en fonction. Jusqu'à cet instant, cette Société ne formera qu'une Administration provisoire, sous la responsabilité personnelle de tous, et chacun de ceux qui la composeront.

Art. XXXI. Afin de ne laisser aucune chose à déterminer, la Société, auteur et organisatrice de cet Etablissement, se permet d'indiquer ce qu'elle desire pour fruit de ses travaux : elle demande à ce qu'il lui soit aloué un demi pour cent sur tous les Bénéfices de la *Caisse-commune*, tous frais prélevés, et cela, durant l'espace de dix années consécutives, à commencer de l'instant de son premier prêt sur hypothèques. Cet objet a une destination de bienfaisance, dont cette Société desire être la dispensatrice libre et indépendante.

La *Caisse-commune de la République Française*, toute vaste que puisse en paroître la conception, ne doit cependant être considérée que comme le préliminaire des moyens de finances que ses Auteurs ont conçus, mais qu'ils ne communiqueront que lorsque l'Etablissement de la *Caisse-commune* sera formé d'une manière définitive, en ce qu'elle doit en être la base fondamentale.

Ces moyens sont de nature à devoir au moins être annoncés par les effets qu'on s'en promet. Il ne s'agira de rien moins que, 1o. de liquider en entier la dette nationale, dette qui, existante avant la République, n'est devenue dette nationale, que par l'adoption que la Nation en a faite, fondée sur les objets d'indemnité que lui présentoient les biens de ses vexateurs et de leurs partisans, émigrés avec eux ou à leur occasion : 2o. de procurer un placement impérissable, soit aux créanciers de l'Etat, qui auront cessé de l'être par la liquidation susdite, soit pour tous ceux qui desireront placer des fonds en perpétuel ou en viager ; et 3o. de procurer enfin à l'Etat un revenu fixe et constant, capable de surpasser de beaucoup ses besoins ordinaires, le mettre au paire avec les plus considérables, et cela, en diminuant les impositions qui surchargent les uns sans atteindre les autres.

Il faut encore ajouter ici que les moyens

de Commerce que les mêmes Auteurs ont en vûe, sont de nature à étonner ceux mêmes qui connoissent le mieux les Etablissemens de l'Europe qui ont le plus de splendeur et de renommée.

Mais il faut terminer ce petit exposé, et nous confessons que ce n'est pas sans peine, en ce qu'un sujet de cette nature n'offre que bien difficilement le terme des détails qu'il présente à l'esprit.

Nous finirons, cependant, puisqu'il le faut : mais ce ne sera pas sans l'assurance du zèle le plus actif pour parvenir aux fins que nous annonçons.

On invite chacun à ne faire aucun cas des Exemplaires de cet Ecrit qui ne seront point signés L. D. SINGULOS : *on a de bonnes & de fortes raisons pour donner cet Avis.*

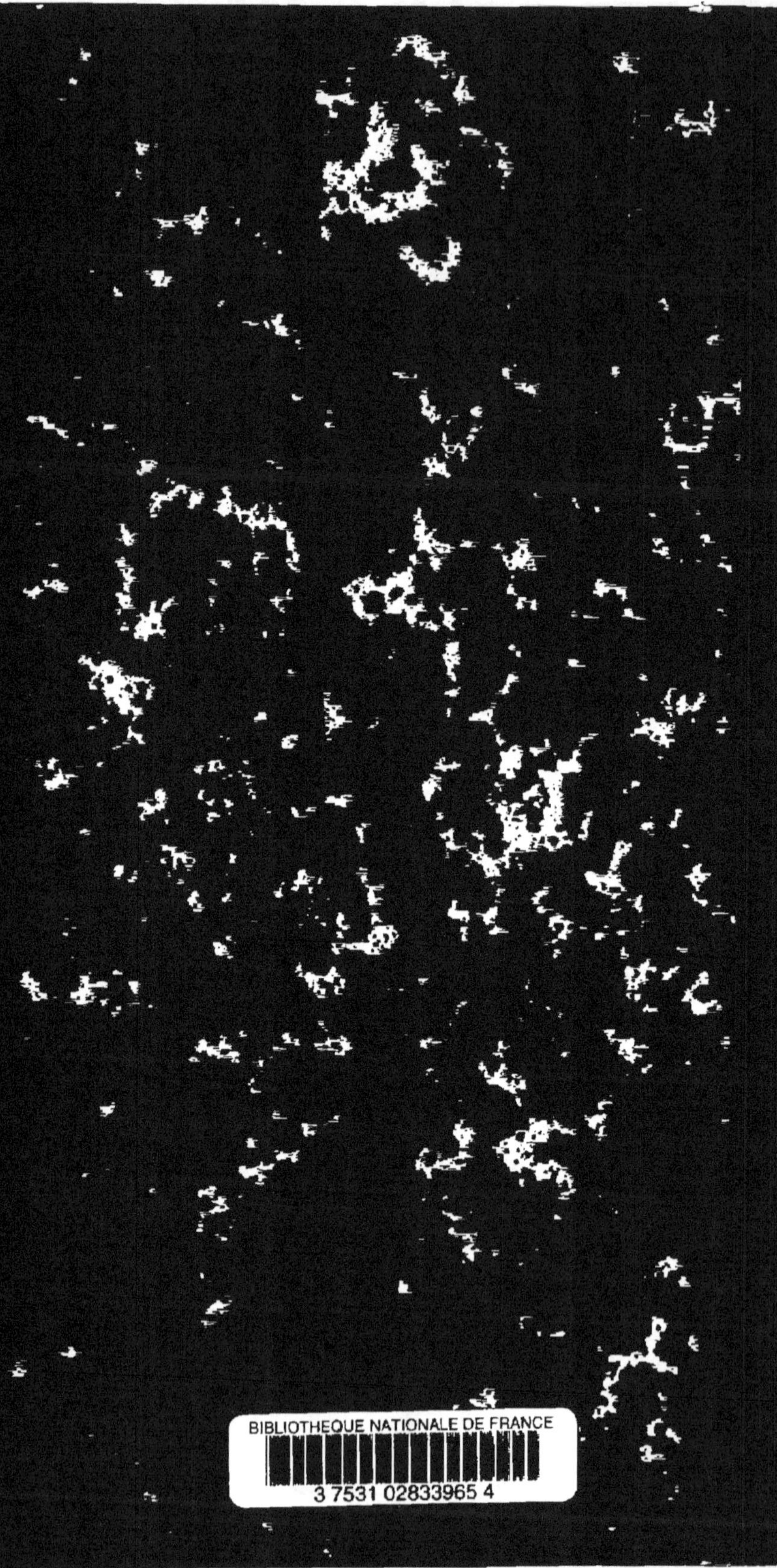

www.ingramcontent.com/pod-product-compliance
Lightning Source LLC
Chambersburg PA
CBHW061229030726
47595CB00004B/1451